W0405936

Anja Ebertz

IdeenRausch

• 111 Impulse für neue Ideen •

ENDE

Warum ein Ideenfächer?

Bei meiner Arbeit als Ideen-Trainerin habe ich häufig die Erfahrung gemacht, dass sich die Teilnehmerinnen und Teilnehmer meiner Workshops, auf der Suche nach neuen Ideen, im Kreis drehen. Vielen fällt es schwer, sich vom Thema zu lösen. Sie bleiben in ihren Denkrillen gefangen, die umso tiefer sind, je länger sich die Menschen bereits mit der Aufgabe befasst haben. Ihre vergangenen Erfahrungen haben im Gehirn tiefe Spuren hinterlassen, die sich mit den Spurrillen auf viel befahrenen Straßen vergleichen lassen. Routine und Fachwissen sind einerseits unverzichtbar, wenn es darum geht, die Komplexität des Alltags zu meistern. Andererseits sind sie uns immer dann im Weg, wenn wir den Anspruch haben, etwas einmal ganz anders machen zu wollen als bisher. Neue Ideen entstehen nämlich nicht auf den Autobahnen in unseren Köpfen, sondern auf den Seitenstraßen, Feldwegen und Trampelpfaden. Doch wie kommen wir dahin? Was so leicht klingt, ist eine der größten Herausforderungen für das Denken.

Die Antwort ist ein Kompass, der unsere Überlegungen ganz bewusst auf neue Wege lenkt. Diesen Kompass halten Sie mit dem Ideenfächer in Ihren Händen und damit den Startschuss zu Ihrem ganz persönlichen Ideenrausch!

Was kann der Ideenfächer?

Der Ideenfächer kann Ihnen helfen, auf neue Ideen zu kommen, wann immer Sie auf der Suche danach sind. Wenn Sie es zulassen, wird er Ihre Fantasie aktivieren und automatisch Ihr ganz individuelles kreatives Potential entfalten.

Ob Sie ein neues Produkt oder eine Werbekampagne entwickeln, eine Headline, einen Slogan oder Namen suchen, einen Event oder Messeauftritt planen, das Betriebsklima oder Sparpotential in Ihrer Firma verbessern wollen, ein innovatives Geschäftsmodell ins Leben rufen möchten oder ein ausgefallenes Geschenk für Ihre Geschäftspartner suchen – Sie können den Ideenfächer überall da einsetzen, wo neue Ideen gebraucht werden, auch privat.

Die 111 Begriffe sind willkürlich ausgewählt. Allen gemeinsam ist jedoch die Kraft, Ihren Geist zu inspirieren, Ihrem Denken neue Impulse zu geben und Ihnen dabei zu helfen, eine neue Sicht auf die Dinge zu gewinnen. Das erreichen die Begriffe, indem sie Assoziationen wecken, Analogien aufzeigen, bestehende Verhältnisse auf den Kopf stellen und Gegebenheiten so variieren, dass sie in neuen Ideen münden.

Der Ideenfächer ist eine Weiterentwicklung eines Prinzips, das auf den amerikanischen Werbefachmann Alexander Osborn zurückgeht. In den 60er Jahren

bewies er mit einer Checkliste, dass ein systematischer Perspektivenwechsel unseren Geist aus festgefahrenen Bahnen befreien kann. In meinen Ideen-Trainings hat sich dieser Effekt immer wieder bestätigt.

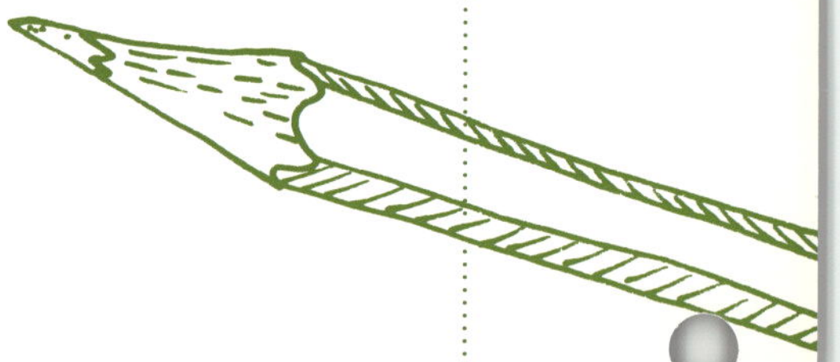

Wie wenden Sie den Ideenfächer an?

Sie können alleine mit dem Ideenfächer arbeiten oder im Team. Ich möchte Sie einladen, mit den Begriffen zu experimentieren, sich von Ihrer Neugier leiten zu lassen und sich, so gut Sie können, spielerisch und unbefangen auf das Angebot einzulassen. Kreativität hat so viele Gesichter wie Menschen auf der Erde leben. Das bedeutet auch, dass es kein richtig oder falsch gibt. Weder in der Anwendung des Ideenfächers, noch beim Ergebnis Ihrer Suche. Eine Idee lässt sich vielleicht nicht immer in die Tat umsetzen, aber sie ist niemals von vorneherein unsinnig oder überflüssig. Denken Sie daher unbedingt in Chancen und nicht in Risiken!

Der Ideenfächer ist ein einfaches, bedienungsfreundliches Werkzeug. Wenn Sie die folgenden zehn Punkte beachten, steht Ihrem Erfolg schon bald nichts mehr im Weg:

1. *Eine gute Frage ermöglicht eine gute Antwort. Fragen Sie sich, worum es genau geht, was genau Ihr Thema, Ihr Motiv, Ihr Leitgedanke oder Ihre Aufgabe ist. Beschaffen Sie sich alle Hintergrundinformationen, die Sie benötigen.*

2. *Formulieren Sie Ihre Frage so präzise wie möglich. Wenn Sie noch unsicher sind, können Sie mit »Wie erreiche ich, dass…« beginnen. Die Frage aktiviert unsere Aufmerksamkeit und startet einen Suchprozess im Gehirn.*

Notizen:

3. *Sobald Sie mit Ihrer Frage zufrieden sind, nehmen Sie den Ideenfächer zur Hand. Lassen Sie sich bei der Auswahl der Begriffe durch den Zufall oder Ihre Intuition leiten.*

4. *Tauchen Sie ein. Lassen Sie Ihrer Fantasie freien Lauf. Schalten Sie ganz bewusst Ihren Realitätssinn auf Pause.*

5. *Schreiben Sie alle Gedanken auf. Zum Beispiel auf kleine Kärtchen, die Sie sammeln können. Benutzen Sie dabei bunteFarb-stifte. Sie werden merken, dass es gleich viel mehr Spaß macht!*

6. *Unterdrücken Sie Ihren inneren Kritiker. Ihr Gedankengang wird nur unnötig unterbrochen und muss nach Rechtfertigungen suchen. Nichts ist zu banal, zu albern oder zu abwegig, um in dieser Phase als Ideensplitter gesammelt zu werden!*

7. *Bei der Ideenfindung geht es um Quantität, nicht um Qualität. Analyse, Bewertung und Kritik erfolgen erst, wenn Sie eine große Menge Ideensplitter gefunden haben.*

8. *Die Suche nach neuen Ideen soll Ihnen Spaß machen! Eine lockere Atmosphäre und Lachen sind Pflicht, denn je entspannter Sie sind, desto ergiebiger sprudeln die Einfälle. Lachen Sie auch über sich selbst!*

Zwilling*

Finden Sie den Zwilling zu Ihrem Thema:

Wo sind die Voraussetzungen zum Verwechseln ähnlich?
Suchen Sie so breit wie möglich!
Prüfen Sie, welche Lösungen in anderen Branchen bereits existieren.
Wie lassen sich die Resultate für Ihre Situation modifizieren?

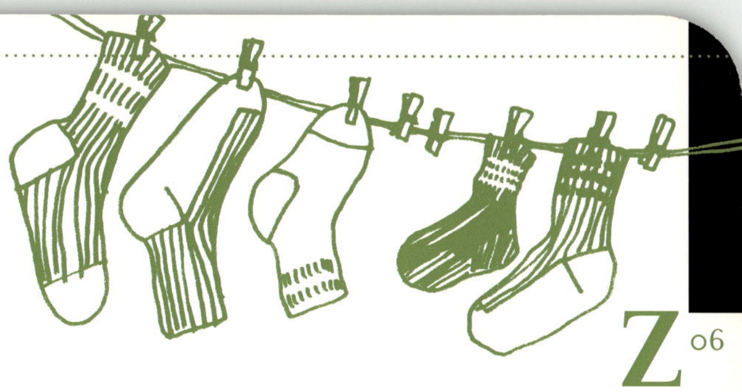

Z 06

9. *Probieren Sie mehrere Begriffe zur gleichen Fragen aus, und beenden Sie den Prozess der Ideenfindung erst, wenn Sie das Gefühl haben, viele gute Ansätze gefunden zu haben. Ausdauer ist angesagt! Wenn Sie ins Stocken geraten, machen Sie eine Pause.*

10. *Nicht alle Begriffe im Ideenfächer werden Sie auf die gleiche Weise inspirieren. Es kann sein, dass einige Worte Sie völlig kaltlassen oder Ihnen keine neue Sicht weisen können. Versuchen Sie es solange, bis Sie sich angesprochen fühlen.*

Übrigens können Sie den Ideenfächer auch als Gesellschaftsspiel verwenden. Gemeinsam mit Mitspielerinnen und Mitspielern können Sie Ihre Fantasie und damit Ihre kreativen Fähigkeiten trainieren.

Zweideutig*

Welche Aspekte Ihres Themas haben einen doppelten Sinn?

Wie verändert sich Ihre Aufgabe, wenn Sie jeweils den Sinn vertauschen?
Welche neuen Ideen kommen Ihnen jetzt?

Z 05

Wie geht es weiter?

Nach der Ideenfindung kommt die Phase der Analyse, Bewertung und Auswahl. Jetzt dürfen Sie Ihren Realitätssinn einschalten und jeden Ideensplitter kritisch auf sein tatsächliches Potential hin untersuchen. Das geht leichter, wenn Sie erst einmal eine Nacht über Ihrer Sammlung geschlafen haben. Halten Sie sich unbedingt zurück, wenn Ihnen eine Idee besonders gut gefällt. Die »Ideenverliebtheit« kann Ihnen den Blick auf weitere gute Ansätze verbauen. Sortieren Sie Ihre Ideen. »Hot« bietet sich an für die Einfälle, die auf den ersten Blick wirklich neu wirken. Unter »In« können Sie alle Gedanken zusammenfassen, die Sie prüfen möchten. Auf den »Parkplatz« gehören die Überlegungen, die Sie für absurd oder unmöglich halten. Bearbeiten Sie anschließend alle drei Cluster der Reihe nach. Leider verschwinden Ideen, die unkonventionell, verrückt, zu kompliziert oder zu teuer erscheinen schnell im Papierkorb. Das muss nicht sein!

Lernen Sie stattdessen, Ansätze zu verbinden, zu verdichten und zu optimieren. Eine Idee, die Potential hat, erkennen Sie daran, dass sie für sich spricht. Sie ist einfach, überraschend und relevant. Sie braucht keine umfangreichen Ausführungen, um verstanden zu werden oder zu überzeugen.

Zitat*

Welches bekannte Zitat können Sie Ihrem Motiv in den Mund legen?

Welche Aussage einer berühmten Persönlichkeit trifft den Kern Ihrer Frage?
Welche Tür öffnet sich, die vorher geschlossen war?
Nehmen Sie auch Bücher oder das Internet zur Hilfe!

Z 04

Was sonst noch hilft!

Jeder Mensch ist kreativ, doch nicht jeder Mensch trainiert seine kreativen Fähigkeiten. Mit wenigen Tricks können Sie sich einen großen Gefallen tun:

- *Schärfen Sie Ihre fünf Sinne! Denken Sie bewusst in Bildern. Versuchen Sie, das, was Sie beschäftigt, zu sehen, zu hören, zu riechen, zu schmecken und zu tasten. Visualisieren Sie auch Ihre Emotionen!*

- *Geben Sie sich nicht mit der erstbesten Lösung zufrieden. Seien Sie sich bewusst, dass es immer zahlreiche Alternativen gibt. Suchen Sie ausdauernd!*

- *Nichts ist selbstverständlich! Stellen Sie immer alles um sich herum in Frage. Spielen Sie in Gedanken durch, wie Sie Unmögliches möglich machen könnten!*

- *Setzen Sie sich nicht unter Zeitdruck, sondern gewöhnen Sie sich für die Ideenfindung ein ausgewogenes Zeitmanagement an!*

- *Legen Sie sich ein Ideenbuch zu, das Sie begleitet. Schreiben Sie Ihre Einfälle immer sofort auf. Lesen Sie regelmäßig darin und spinnen Sie die Ideen weiter.*

Zufall*

Welche Rolle spielt der Zufall bei Ihrem Thema?

Was wäre, wenn Sie ihm mehr Gewicht geben würden?
Was könnte passieren, wenn der Zufall die Dinge in die Hand nimmt?
Lassen Sie Ihrer Fantasie freien Lauf!

Z 03

Wenn Sie Fragen, Anmerkungen oder Verbesserungsvorschläge haben, freue ich mich von Ihnen zu hören. Sie erreichen mich über meine Homepage:

www.ideenrausch.net

Zeitmaschine*

Setzen Sie Ihren Leitgedanken in die Zeitmaschine:

Was hätte Mozart daran gefallen?
Welche historischen Ereignisse hätte Ihr Thema in der Vergangenheit beeinflussen können?
Welche Bedeutung wird es in 100 Jahren haben?
Konzentrieren Sie sich auf die positiven Aspekte!

Z 02

Ich wünsche Ihnen viel Spass bei Ihrem ganz persönlichen Ideenrausch!

Anja Ebertz

Zeitlupe*

Was sehen Sie, wenn Sie Ihr Motiv in Zeitlupe ablaufen lassen?

Für wen oder was wäre die Slow Motion von Vorteil?
Welche neue Sicht auf die Dinge bringt die Verzögerung?
Schreiben Sie alle neuen Ideen auf!

Z 01

Welche Aspekte Ihrer Idee sind anstössig oder verrucht?

Yin und Yang*

Himmel und Erde, männlich und weiblich, schwarz und weiss:

Zwischen welchen Gegensätzen bewegt sich Ihre Thematik?
Wie verändert sich Ihre Aufgabe, wenn Sie die Gegensätze in den Mittelpunkt stellen?
Welche neue Sicht auf die Dinge ermöglicht der Kontrast?

Abenteuer*

Verwickeln Sie Ihren Leitgedanken in ein Abenteuer:

Wie lässt sich diese Facette ausbauen?
Welche Aspekte eignen sich für eine Heldentat?
Wie verändern die Ereignisse Ihre Sicht auf die Dinge?
Schreiben Sie alle Ideen auf!

XXL*

Welche Aspekte Ihrer Aufgabe könne Sie vergrössern, aufblasen, ins unermessliche steigern?

Welche Folgen hat das?
Was wird möglich, was vorher nicht möglich war?
Stellen Sie sich Ihre Übertreibungen bildlich vor!

X 01

Abseits*

Was sehen Sie, wenn Sie Ihr Blickfeld erweitern:

Welche Nebenschauplätze gibt es im Umfeld Ihrer Fragestellung?
Was passiert, wenn Sie den bisherigen Schauplatz ganz verlagern, an einen anderen Ort oder in eine andere Zeit?
Welche neuen Ideen fallen Ihnen ein?

A 02

Was hätte Mozart
an Ihrem Leitgedanken
gefallen?

Action*

Machen Sie Ihrem Motiv Beine:

Was wäre, wenn sich wesentliche Aspekte plötzlich bewegen könnten?
Wie würde das aussehen?
Wer oder was würde eine neue Rolle annehmen?
Denken Sie auch an die Zielgruppe und probieren Sie verschiedene Möglichkeiten aus!

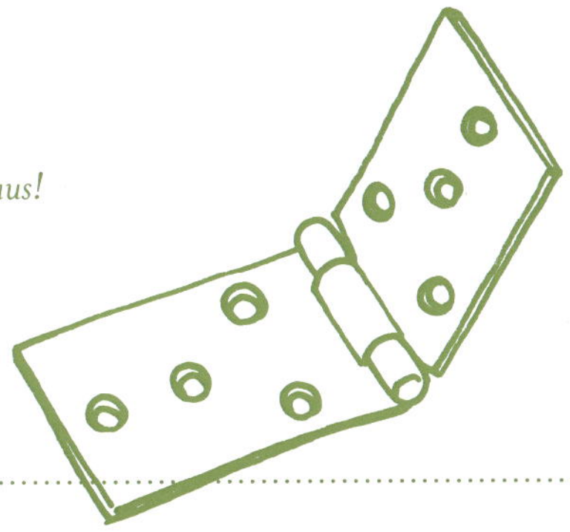

A 03

Wörtlich*

Was sehen Sie, wenn Sie die zentralen Punkte Ihrer Thematik wortwörtlich in Bilder umsetzen?

Wo ergeben Sich Möglichkeiten zum Spielen mit Ursache und Wirkung?
Wie würde die Zielgruppe auf die wörtliche Visualisierung reagieren?

W 04

Welcher Superheld ist wie geschaffen dafür, Ihre Aufgabe zu lösen?

Witz*

Welche Einzelheiten Ihres Leitgedankens bringen Sie zum Schmunzeln oder Lachen?

Wo lassen sich humoristische Facetten einbauen?
Welche lustigen Verbindungen lassen sich daraus konstruieren?
Wer lacht zuerst?
Wer lacht am lautesten?

W 03

Berlin, Bangkok, Buenos Aires*

Zu welcher Stadt oder welchem Land hat Ihre Fragestellung einen direkten oder indirekten Bezug?

Was passiert, wenn Sie den Ort zum Dreh- und Angelpunkt des Geschehens machen?
Wer oder was zeigt sich in einem neuen Licht?
Spielen Sie mit den Möglichkeiten!

B 01

Wirkung*

Welche Wirkung hat Ihr Thema?

Wofür ist es gut?
Was verändert es bei denen, die damit zu tun haben?
Welche Möglichkeiten eröffnet es?
Welche neuen Ideen kommen Ihnen aus diesem Blickwinkel?

W 02

Blaues Wunder*

Wie würde ein Blaues Wunder aussehen, wenn es um Ihre Arbeit geht?

Was wäre eine echte Sensation?
Wie würden sich zentrale Aspekte verändern?
Was würde einfacher?
Was wäre möglich, was vorher nicht möglich war?
Lassen Sie Ihre Fantasie über die Stränge schlagen!

B 02

Widerspruch*

Widersprechen Sie Ihrer Aufgabe!

Was geschieht, wenn Sie die Gegenposition einnehmen?
Wie verändert sich Ihre Meinung?
Welche Aspekte sehen Sie jetzt in einem anderen Licht?
Welche Ideen kommen Ihnen durch die neue Sichtweise?

W 01

Blond*

Was wäre, wenn Ihr Leitgedanke ein menschliches Wesen wäre?

Welcher Typ wäre es?
Wie würde es aussehen?
Wie würde es sprechen und was würde es tun?
Welche Auswirkungen hätte die Transformation für den weiteren Verlauf oder die Lösung?
Bleiben Sie am Ball, auch wenn es schwierig wird!

B 03

Wo lassen sich humoristische Facetten einbauen?

Was passiert, wenn
Sie einen Dolmetscher
einsetzen?

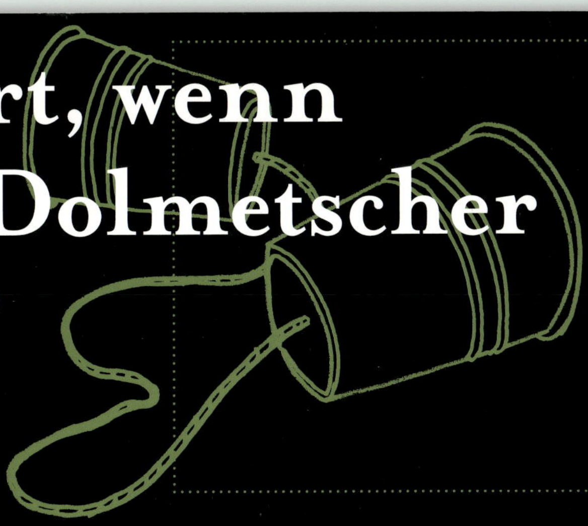

Vorurteil*

Welche Klischees bedient Ihre Ausgangssituation?

Wie können Sie die Vorurteile spielerisch zur Lösung der Aufgabe einsetzen?
Was wäre, wenn Sie alles ins Lächerliche ziehen würden?
Wie verändert sich Ihre Sichtweise unter diesen Bedingungen?
Welche Ideen werden provoziert?

V 04

Cartoon*

Die Peanuts, Garfield, Dilbert –

welcher Hauptdarsteller aus Ihrem Lieblingscartoon könnte für die Lösung eine positive Rolle spielen?
Wie würde die Figur reagieren?
Wie würde sich die Handlung oder der Verlauf unter ihrer Einmischung wandeln?
Schreiben Sie alles auf, was Ihnen einfällt!

C 01

Vorher/Nachher*

Wie können Sie die Vorher/Nachher-Komponente für die Lösung Ihrer Aufgabe einsetzen?

Was kann Ihr Thema vorher, was kann es nachher?
Was bleibt?
Wer oder was verändert sich?
Welche Ideen kommen Ihnen?

V 03

Cash*

Was wäre, wenn Geld keine Rolle spielen würde?

Wie verändert sich Ihre Aufgabe unter dieser Perspektive?
Welche Aspekte sind betroffen und welche nicht?
Welche Lösung kommt in Frage, die sonst undenkbar wäre?
Schwelgen Sie in den Möglichkeiten, die sich jetzt bieten!

C 02

Verführung*

Welche Aspekte Ihres Leitgedankens haben eine erotische Komponente?

Was passiert, wenn die Erotik in den Mittelpunkt Ihres Themas rückt?
Wie würde die Zielgruppe reagieren?
Was wird möglich, was vorher nicht möglich war?

V 02

Chaos*

Was wäre das grösste Chaos, das Ihrem Leitgedanken passieren könnte?

Was würde sich unter diesem Einfluss in einem anderen Licht zeigen?
Welche positiven Aspekte würden auftauchen?
Sammeln Sie alle Ideen, die Ihnen eine neue Sicht schenken!

C03

Verbotene Liebe*

Wie lässt sich Ihre Aufgabe in einer Seifenoper in Szene setzen?

Wie würde ein typischer Dialog unter den Schauspielern verlaufen?
Welche umgangssprachlichen Ausdrücke würden sie für die Beschreibung der Thematik verwenden?
Lassen Sie sich auch durch das Wort »Verboten« inspirieren!

V 01

Chili*

Mild oder scharf – Welche Aspekte geben Ihrem Thema das gewisse etwas?

Was würde sich unter diesem Einfluss in einem anderen Licht zeigen?
Welche positiven Aspekte würden auftauchen?
Sammeln Sie alle Ideen, die Ihnen eine neue Sicht schenken!

C04

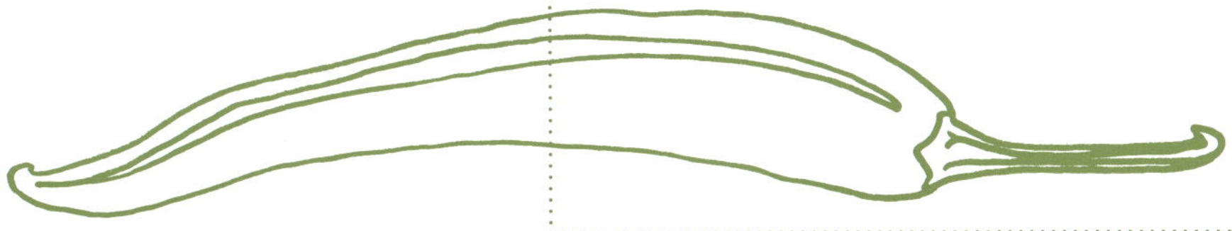

Ursprung*

Gehen Sie zurück an den Start:

Wo beginnt Ihre Aufgabe?
Wo steht ihre Wiege?
Was war damals anders?
Was ist heute besser?
Schreiben Sie alle Einfälle auf!

U 03

Chinesisch*

Welche Sprache spricht Ihr Motiv?

Spricht es eher umgangssprachlich oder intellektuell?
Gibt es Aspekte, die für andere besonders schwer zu verstehen sind?
Was passiert, wenn Sie einen Dolmetscher einsetzen?
Probieren Sie mehrere Sprachen oder Dialekte aus!

C05

Unsichtbar*

Was wäre, wenn Ihre Thematik unsichtbar wäre?

Wie würde sie sich bemerkbar machen?
Wie würde sie ihre Wirkung entfalten?
Wie würde die Zielgruppe reagieren?
Welche neuen Ideen tauchen auf, wenn Sie diesen Gedanken folgen?

U 02

Was würde passieren, wenn von heute auf morgen alles anders wäre?

Überraschung*

Was wäre die grösstmögliche Überraschung für Ihre Zielgruppe?

Warum?
Welche Vorteile hätte die Überraschung für die Handlung oder den Verlauf Ihrer Überlegungen?
Welche Bilder sehen Sie, wenn Sie sich die neue Situation ausmalen?

U 01

Dinner for One*

Welche Rituale sind eng mit Ihrem Thema verbunden?

Wie wichtig sind sie?
Was würde passieren, wenn von heute auf morgen alles anders wäre?
Alternativ: Welche Rituale gibt es noch nicht, die Ihrer Ausgangssituation eine ganz neue Richtung geben würden?
Erfinden Sie so viele wie möglich!

D01

Wie lässt sich Ihre Aufgabe in einer Seifenoper in Szene setzen?

Donald Duck*

Wie würde sich Ihre Aufgabe verändern, wenn Donald Duck eine wichtige Rolle übernehmen würde?

Welche andere Comicfigur könnte ihn unterstützen?
Was könnten Sie tun, um den Verlauf positiv zu beeinflussen?
Sammeln Sie alle neuen Ideen!

D 02

Typisch*

Was ist wirklich typisch für Ihr Motiv?

Warum?
Was wäre, wenn Sie das Typische ins Gegenteil verkehren oder ganz auflösen würden?
Was gewinnt Ihre Aufgabe?
Welche neue Sicht auf die Dinge gewinnen Sie durch die Umwandlung?

T 04

Donald Trump*

Wie würde sich Ihr Thema verändern, wenn der amerikanische Multimillionär Donald Trump eine wichtige Rolle übernehmen würde?

Was könnte er tun, um den Verlauf positiv zu beeinflussen?
Lassen Sie Ihre Fantasie von der Leine!

D03

Tierisch*

Was haben Tiere mit Ihrer Ausgangslage zu tun?

Was könnte ein Haustier zur Lösung Ihrer Aufgabe beitragen?
Was würde ein wildes Tier tun, wenn es die Verantwortung tragen würde?
Welche neuen Ideen kommen Ihnen, wenn Sie Ihr Motiv durch die Augen eines Tieres betrachten?

T 03

Donnerstag*

Was wäre, wenn Ihre Überlegungen an einen bestimmten Wochentag gebunden wären?

Welche Vorteile würde das bringen?
Erfinden Sie Argumente für jeden einzelnen Wochentag!
Welcher Tag korrespondiert am besten?
Warum?
Spielen Sie mit den Möglichkeiten!

D 04

Taschenlampe*

Wie könnte Ihnen eine Taschenlampe bei der Lösung Ihrer Aufgabe helfen?

Wohin würden Sie leuchten?
Was würden Sie im Dunkeln lassen?
Welche Assoziationen weckt das Spiel mit dem Lichtschein bei Ihnen?
Setzen Sie Ihre inneren Bilder in neue Ideen um!

T 02

Dschinni*

Der Geist aus Aladins Wunderlampe schenkt Ihnen drei Wünsche:

Was würden Sie sich in Bezug auf Ihr Thema wünschen?
Welche Lösungen werden möglich, die sonst nicht möglich wären?
Überwinden Sie Ihren Realitätssinn und träumen Sie in bunten Farben!

D 05

Tabu*

Was wurde im Zusammenhang mit Ihrem Thema noch nie gesagt oder gezeigt?

Welche Vorteile hätte ein politischer, religiöser oder moralischer Tabubruch?
Welche provokanten Aussagen oder Anspielungen würden mehr Aufmerksamkeit bringen?
Spielen Sie mit den Möglichkeiten!

T 01

Welche Seite Ihrer
Aufgabe bietet Spielraum
für Experimente?

Welche Vorteile hätte ein Tabubruch in Ihrem Projekt?

Einmaleins*

Auf welche einfache Formel lässt sich Ihre Aufgabe reduzieren?

Was wird sichtbar?
Was ist wichtig?
Was können Sie weglassen?
Erfinden Sie so viele Varianten wie möglich!
Überlegen Sie auch, welche bereits vorhandenen Formeln und Gleichungen Sie auf neue Ideen bringen!

E 01

Symbol*

Finden Sie ein Symbol für Ihr Motiv!

Was sehen Sie, wenn Sie Ihre Aufgabe ganz genau betrachten?
Welche Zeichen und Bilder werden bei Ihnen geweckt?
Welche neuen Ideen kommen Ihnen, wenn Sie die Zeichen und Bilder weiterverfolgen?

S 08

Einzelteile*

Was geschieht mit Ihrem Thema, wenn es in seine Einzelteile zerlegt wird?

Was ist überflüssig?
Welche Teile erhalten eine neue Bedeutung?
Wie wirkt sich die Veränderung aus?
Schreiben Sie alle neuen Gedanken auf!

Story Telling*

Erfinden Sie eine Geschichte, in der Ihr Leitgedanke die Hauptrolle spielt!

Welche Situation könnte Ihre Ausgangslage verbessern?
Wer würde sich am meisten darüber freuen?
Welche Ideen kommen Ihnen, wenn Sie Betroffene zu Wort kommen lassen?

S 07

Ersatzteile*

Welche Aspekte Ihrer Aufgabe lassen sich durch andere ersetzen?

Welche Ersatzteile kommen in Frage?
Was verbessert sich?
Was wird möglich, was vorher nicht möglich war?
Bleiben Sie am Ball, auch wenn es schwierig wird!

E 03

Star Trek*

Was wäre, wenn Sie Ihre Aufgabe an jeden x-beliebigen Ort im Universum beamen könnten?

Wie würde sich Ihr Thema zum Beispiel in der Schwerelosigkeit oder auf einem anderen Planeten verhalten?
Was wird möglich, was sonst unmöglich wäre?
Spinnen Sie drauf los – je verrückter, desto besser!

S 06

Exklusiv*

An wen richten Sie sich?

Was wäre, wenn Sie die Zielgruppe drastisch einschränken würden?
Welche Vorteile ergeben sich?
Welche neuen Ideen kommen Ihnen?
Sammeln Sie nur die positiven Aspekte!

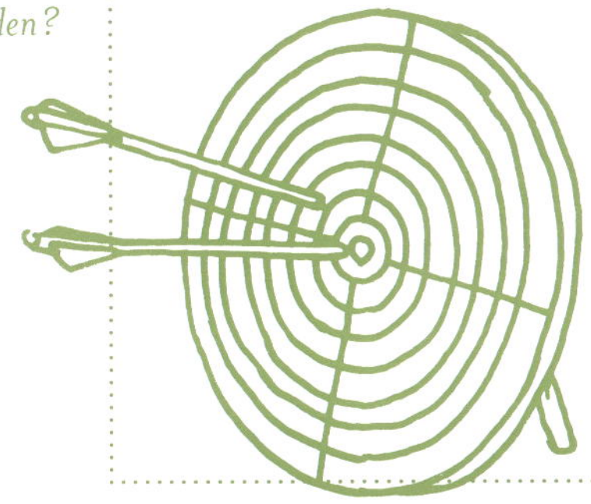

E 04

Spion*

Welche Informationen an Ihrer Ausgangsituation sind geheim?

Warum müssen sie geheim bleiben?
Was wäre, wenn sie einem Spion in die Hände fallen würden?
Wie würden Sie sich aus der Patsche helfen?
Finden Sie so viele ausgefallene Lösungen wie möglich!

S 05

Experiment*

Welche Seite Ihrer Aufgabe bietet Spielraum für Experimente?

Was würden Sie ausprobieren?
Mit welchem Ergebnis rechnen Sie?
Welche neue Richtung würde sich anschließend auftun?
Erforschen Sie verschiedene Möglichkeiten!

E 05

Slogan*

Welcher bekannte Werbeslogan passt zu Ihrer Aufgabe …

oder lässt sich so abwandeln, dass er passt?
Welche neuen Ideen kommen Ihnen durch die Verbindung?
Alternativ: Erfinden Sie einen Slogan für Ihr Thema!
Probieren Sie mehrere Versionen!

S 04

Explosiv*

Welche Komponenten Ihrer Aufgabe haben es in sich?

Was könnte für Aufregung oder Streit sorgen?
Wie könnten Sie die brisanten Punkte positiv nutzen?
Was ist neu an dieser Vorgehensweise?
Denken Sie großräumig und beziehen Sie auch die Zielgruppe mit ein!

E 06

Selbstverständlich*

Was an Ihrem Thema ist selbstverständlich?

Wie wichtig ist dieser Aspekt?
Was geschieht, wenn Sie das Selbstverständliche ignorieren?
Stellen Sie alles in Frage, was auf der Hand liegt!
Welche neuen Ideen kommen Ihnen?

S 03

Express*

Welche Rolle spielt Schnelligkeit?

Welche Aspekte können beschleunigt werden?
Welche Wirkung könnte positiv beeinflusst werden?
Was würde sich verändern, wenn Schnelligkeit das wichtigste Kriterium wäre?
Folgen Sie Ihrer Fantasie und sammeln Sie alle neuen Ideen!

E 07

Science Fiction*

Verlagern Sie Ihre Aufgabe in die Zukunft:

Was würde eine größere Rolle spielen als heute?
Was würde keine oder nur eine kleine Rolle spielen?
Erfinden Sie Ihr eigenes Zeitalter und geben Sie Ihren Visionen darin eine Gestalt!

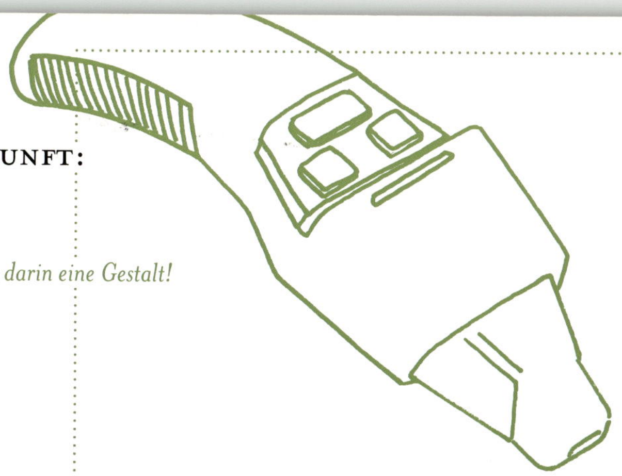

S 02

Welches Märchen fällt Ihnen ein, wenn Sie an Ihre Aufgabe denken?

Second Hand*

Wie wurde Ihre Aufgabe früher gelöst?

Welche Idee brachte schon einmal Erfolg?
Was müssen Sie abwandeln, um diese Idee zu recyceln?
Suchen Sie weitläufig in benachbarten und fremden Branchen!

S 01

Fachmann*

Was würde ein Experte über Ihr Thema sagen?

Prüfen Sie, ob es bereits Aussagen von Autoritäten gibt, die auf Ihre Frage eine Antwort geben.
Was verändert sich durch die Expertenmeinung?
Alternativ: Schlüpfen Sie selbst in die Rolle des Fachmanns und formulieren Sie eine Aussage!

F 01

Beamen Sie Ihre Aufgabe
an jeden x-beliebigen Ort
im Universum.

Favorit*

Wie heisst Ihr Lieblingswort?

Wie lässt sich dieser Begriff mit Ihrer Fragestellung verbinden?
Welche Assoziationen kommen Ihnen in den Sinn?
Welche neuen Ansätze entdecken Sie?
Schreiben Sie alle Gedanken auf!

F 02

Roter Faden*

Nehmen Sie den Begriff wörtlich!

*Stellen Sie sich einen roten Faden vor, den Sie durch das Labyrinth Ihrer Aufgabe lotst:
Wie können Sie dieses Bild für neue Ideen nutzen?*

R 03

For Sale*

Wie würden Sie Ihre Aufgabe einem potentiellen Käufer beschreiben?

Was würden Sie betonen?
Was würden Sie verschweigen?
Welchen positiven Einfluss haben Ihre Argumente auf die Handlung oder den weiteren Verlauf?
Entfalten Sie Ihr Verkaufstalent!

F 03

Rezept*

Wie würde sich ein Rezept für Ihre Aufgabe lesen?

Wie würden Sie die einzelnen Aspekte gewichten?
Welche Hinweise dürfen auf keinen Fall fehlen?
Schreiben Sie Ihre Gedanken spontan auf.
Lassen Sie sich auch von Kochbüchern inspirieren!

Fototapete*

Palmenstrand, Wasserfall, Berge – denken Sie an die bekannten Motive der Fototapete:

Was passiert mit Ihrem Thema, wenn Sie es an einen dieser Naturschauplätze verlegen?
Wie beeinflusst die Umgebung direkt oder indirekt Ihr weiteres Vorgehen?
Schreiben Sie auf, was Sie sehen, hören und fühlen!

F 04

Reim*

Was reimt sich auf Ihre Frage?

Was reimt sich auf wichtige Aspekte Ihres Themas?
Welche neuen Ideen kommen Ihnen?
Erfinden Sie so viele Reime wie möglich.
Nutzen Sie auch Dialekte und Ihre Fremdsprachenkenntnisse!

R 01

Fremd*

Welche Rolle spielt das Fremde bei Ihrer Aufgabe?

Was würde sich verändern, wenn alle Aspekte vertraut wären?
Alternativ: Welche Komponenten an Ihrem Leitgedanken lassen sich verfremden?
Was gewinnen Sie?
Spielen Sie mit den Möglichkeiten!

F 05

Quer*

Was an Ihrer Aufgabe ist nicht stimmig?

Wo gibt es eine Schräglage?
Wie können Sie diese für neue Ideen nutzen?
Werden Sie so konkret wie möglich und bleiben Sie dran, auch wenn es schwierig wird!

Q 01

Froschkönig*

Welches Märchen fällt Ihnen spontan ein, wenn Sie an Ihre Aufgabe denken?

Wer spielt die Hauptrolle?
Was ist die Moral von der Geschichte?
Wie lässt sich das Märchen mit Ihrem Motiv verbinden?
Alternativ: Erfinden Sie ein neues Märchen!

F 06

Erfinden Sie so viele
Reime wie möglich zu
Ihrer Idee.

Was wäre, wenn Ihr Leitgedanke alle Regeln und Normen brechen könnte?

Publikum*

Wie lässt sich Ihre Zielgruppe spielerisch involvieren?

Welche Aussagen würden Sie ihr in den Mund legen?
Wie würde das Publikum die Vorteile beschreiben?
Wie verändert sich Ihr Blickwinkel durch die neue Perspektive?
Welche neuen Ideen fallen Ihnen ein?

P08

Garantie*

Gibt es ein Versprechen, das Ihr Thema garantiert einlösen kann?

Was geschieht, wenn Sie diesen Aspekt hervorheben?
Welche neuen Aussagen lassen sich machen?
Alternativ: Erfinden Sie neue Garantien!

G 01

Prinz Charles*

Durchstöbern Sie die aktuellen Klatschspalten:

Mit welchen bekannten Menschen aus Politik, Kultur oder Sport lässt sich Ihr Thema in Verbindung bringen?
Wen würden Sie zu Wort kommen lassen?
Was würden die Personen sagen?
Lassen Sie Ihrer Fantasie freien Lauf!

P 07

Gebrauchsanweisung*

Wie würde sich eine Gebrauchsanweisung für Ihre Aufgabe lesen?

Was ist besonders wichtig?
Welche Informationen müssen genauer oder verständlicher beschrieben werden?
Welche Aspekte würden Sie vernachlässigen?
Versuchen Sie mehrere Versionen und beobachten Sie, welche neuen Eindrücke sich daraus ergeben!

G 02

Prêt-à-porter*

Welche aktuellen oder vergangenen Trends aus der Modewelt lassen sich direkt…

oder indirekt auf Ihren Leitgedanken übertragen?
Denken Sie an den Mix aus Farben und Formen: Sind Ihre Überlegungen zeitgemäß oder altmodisch?
Welche Folgen ergeben sich daraus?

P 06

Gerne*

Was an Ihrer Aufgabe bereitet Ihnen Vergnügen?

Was tun Sie wirklich gerne?
Was passiert, wenn Sie diesen Aspekt ausbauen, besonders betonen oder übertreiben?
Lassen Sie Ihrer Fantasie freien Lauf!

G 03

Plus*

Was wäre, wenn Sie die wichtigsten Aspekte Ihres Themas verdoppeln würden?

Wie macht sich das doppelte Gewicht bemerkbar?
Was verbessert sich an Ihrer Ausgangslage?
Probieren Sie verschiedene Varianten!

P 05

Gesetzlos*

Was wäre, wenn Ihr Leitgedanke alle Gesetze, Regeln und Normen brechen könnte,

die normalerweise für Lebewesen und Gegenstände gelten?
Was wird möglich, was sonst unmöglich ist?
Denken Sie großzügig und sammeln Sie nur die positiven Aspekte!

G 04

Picasso*

Wecken Sie die kulturelle Seite an Ihrem Motiv:

Zu welchem Künstler oder welcher Kunstrichtung können Sie einen direkten oder indirekten Bezug herstellen?
Was verändert sich durch diese Verbindung?
Welche neuen Aussagen können Sie machen?
Nehmen Sie auch Bücher oder das Internet zur Hilfe!

P 04

Welcher Zaubertrick würde Ihren Überlegungen eine Wende geben?

Persönlich*

Wie wichtig ist die Antwort auf Ihre Frage für Ihren eigenen Alltag?

Welche persönlichen Lebensumstände werden durch eine Lösung verbessert?
Untersuchen Sie Ihren Tagesablauf auf eine Verbindung!
Alternativ: Welche Alltagssituation könnten Sie extra für Ihr Thema entwickeln?

P 03

Hand und Fuss*

Spielen Sie mit der Doppeldeutigkeit:

Was an Ihrer Aufgabe hat Hand und Fuß?
Worauf können Sie sich verlassen?
Was wäre, wenn Ihre Gedanken tatsächlich Hände und Füße hätten?
Was würden die Körperteile sagen oder tun?
Schreiben Sie alle Einfälle auf!

Passiv*

Was wäre, wenn gar nichts passieren würde?

Was würde sich durch einen Stillstand verbessern?
Wie können Sie Ihre Aufgabe danach wieder in Bewegung setzen?
Welche neuen Ideen kommen Ihnen beim Spiel mit den Gegensätzen »aktiv« und »passiv«?

P 02

Happy End*

Was wäre das schönste Ende, die beste Lösung, die Sie sich für Ihre Aufgabe vorstellen können?

Welche Voraussetzungen müssten dafür erfüllt sein?
Was können Sie dazu beitragen?
Malen Sie sich alle Möglichkeiten in bunten Farben aus!

H 02

Pantomime*

Wie lässt sich Ihre Frage ohne Worte darstellen?

Wie würde sie sich in einem Stummfilm präsentieren?
Wie würden Gestik und Mimik aussehen?
Welche Bilder sehen Sie vor sich, wenn Sie alle Geräusche abstellen?
Lassen Sie Ihre Fantasie fliegen!

P 01

Haribo*

Haribo steht für Hans Riegel, Bonn –

Wie lässt sich Ihr Thema einprägsam abkürzen?
Welches Kürzel oder Codewort trifft seinen Kern?
Welchen neuen Blickwinkel gewinnen Sie durch diesen Kunstgriff?
Lassen Sie Ihrer Fantasie freien Lauf!

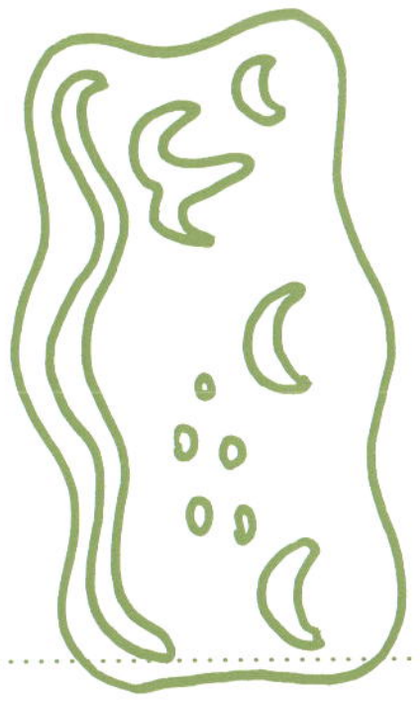

H 03

Wie lässt sich Ihre Frage nur mit Gestik und Mimik darstellen?

Harry Potter*

Was wäre, wenn Ihnen der Zauberlehrling Harry Potter zur Seite stehen würde?

Welcher Zaubertrick würde Ihren Überlegungen eine entscheidende Wende geben?
Wie müsste der Zauberspruch lauten?
Fragen Sie Ihre Fantasie und halten Sie alle Ideen fest!

Orakel von Delphi*

Welche Sagen, Legenden und Mythen fallen Ihnen ein,

die Sie mit Ihrem Leitgedanken in Verbindung bringen können?
Welche neuen Ansätze ergeben sich daraus?
Wagen Sie auch einen Blick in die Zukunft: Was passiert, wenn Ihre Arbeit getan ist?

O 03

Himmelblau*

Wie würde ein Kind Ihre Aufgabe lösen?

Was würde es sofort verstehen?
Was müssten Sie ihm genauer erklären?
Welche neuen Einsichten kommen Ihnen mit den Augen eines Kindes?
Gehen Sie so naiv vor wie möglich!

H 05

Olympia*

Welches Grossereignis aus Sport, Politik und Kultur, aus Vergangenheit,

Gegenwart oder Zukunft lässt sich mit Ihrer Aufgabe in Verbindung bringen?
Wo gibt es Anknüpfungspunkte?
Welche neuen Aspekte ergeben sich daraus?
Nehmen Sie auch Bücher oder das Internet zur Hilfe!

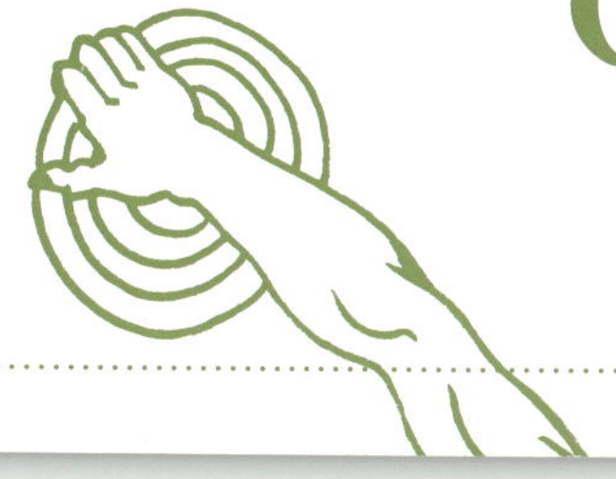

O 02

Was an Ihrer Thematik ist international?

Ohne alles*

Was bleibt von Ihrem Motiv, wenn Sie auf alle Zutaten verzichten?

Was sind die nackten Tatsachen?
Wie verändert sich Ihre Fragestellung durch diese Perspektive?
Konzentrieren Sie sich auf das Wesentliche!

O 01

IDOL*

SUCHEN SIE EIN VORBILD FÜR IHREN LEITGEDANKEN:

Wo gibt es Parallelen?
Was könnten Sie nachahmen?
Welche Lösungen existieren bereits und können übertragen werden?
Welche Vorteile ergeben sich daraus?
Suchen Sie so breit wie möglich!

I 01

Nostalgie*

Wie steht es um die Vergangenheit Ihres Themas?

Was war früher besser?
Warum?
Was wäre, wenn Sie die Vergangenheit wieder beleben könnten?
Welche Vorteile hätten Sie?
Richten Sie Ihre Aufmerksamkeit nur auf die positiven Aspekte!

Innenansicht*

Was wäre, wenn Ihr Thema sprechen könnte?

Was würde es über sich selbst sagen?
Was würde es an sich loben?
Für was würde es sich schämen?
Wie könnte ein innerer Dialog lauten?
Welche neuen Ideen entstehen daraus?
Lassen Sie Ihre Fantasie spielen!

I 02

Neu*

Was an Ihrem Motiv ist wirklich neu?

Wie lässt sich dieser Aspekt am eindrucksvollsten betonen?
Was gewinnen Sie, wenn Sie Ihre ganze Aufmerksamkeit auf das Neue richten?
Schreiben Sie alle Ideen auf!

N 02

Internationalität*

Was an Ihrer Thematik ist international?

Wie können Sie diesen Aspekt hervorheben?
Was verändert sich?
Was rückt ins Licht, was vorher im Schatten war?
Sehen Sie genau hin!

Nachruf*

Verfassen Sie einen Nachruf auf Ihren Leitgedanken:

Wofür würden Sie sich bedanken?
Was würden Sie in guter Erinnerung behalten?
Welche Fragen bleiben offen?
Wie würden Sie diese abschließend beantworten?
Formulieren Sie mehrere Ausführungen!

N 01

Jahreszeiten*

Was wäre, wenn Ihr Motiv an eine bestimmte Jahreszeit gebunden wäre?

Welche Vorteile würde das bringen?
Überlegen Sie sich Argumente für Sommer, Frühling, Herbst und Winter!
Welche Jahreszeit korrespondiert am besten?
Warum?
Spielen Sie mit den Möglichkeiten!

J 01

Wofür würden Sie sich bedanken?

Jetzt*

Was wäre, wenn Sie jetzt sofort eine Lösung präsentieren müssten?

Welche Antwort auf Ihre Frage liegt Ihnen auf der Zunge?
Welche Vorteile hätte die schnelle Reaktion?
Überlegen Sie nicht lange, legen Sie sofort los!

J 02

Multicolor*

Uni oder Multicolor?

Welche Farben sehen Sie, wenn Sie an Ihre Frage denken?
Was passiert, wenn Sie einen roten, gelben, blauen oder grünen Farbfilter benutzen?
Was sehen Sie, was Sie davor nicht gesehen haben?
Denken Sie in Bildern!

M 04

Jingle*

Mit welcher Melodie oder kurzen Tonfolge würden Sie Ihre Frage untermalen?

Wie wirkt sich der Jingle auf Ihre innere Gestimmtheit aus?
Probieren Sie verschiedene Versionen und variieren Sie dabei die Tonalität!

J 03

Münchhausen*

Nehmen Sie den Lügenbaron zum Vorbild:

Welche Täuschung oder bauernschlaue List würde die Ausgangslage für Ihre Aufgabe entscheidend verbessern?
Welche Vorteile für den weiteren Verlauf werden möglich?
Machen Sie eine Liste!

M 03

Welche Stichworte würden Sie einer unbeteiligten Person zurufen?

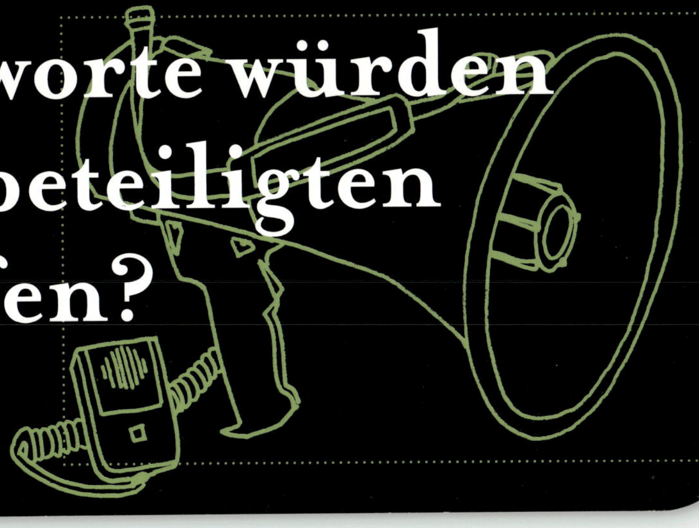

Motto*

Welches Motto trifft den Kern Ihres Themas?

Was offenbart sich durch diese Verknüpfung?
Welche Aspekte können oder müssen Sie verändern, um Ihre Ausgangslage zu verbessern?
Alternativ: Wie lautet das Motto, das Sie eigens für Ihr Motiv erfinden würden?

M 02

Kalenderspruch*

Welche Bauernweisheiten, Redewendungen oder Sprichwörter fallen Ihnen zu Ihrem Thema ein?

Welche neue Sicht ergibt sich aus diesen Paarungen?
Nehmen Sie auch Bücher oder das Internet zur Hilfe.

K 01

Monopoly*

Welches Gesellschaftsspiel fällt Ihnen ein, wenn Sie an Ihre Aufgabe denken?

Brett, Würfel, Karten – welche Spielaccessoires benötigen Sie?
Wie würden Sie Ihre Zielgruppe zum Mitspielen einladen?
Wie können die Spieler gewinnen?
Alternativ: Erfinden Sie ein neues Spiel!

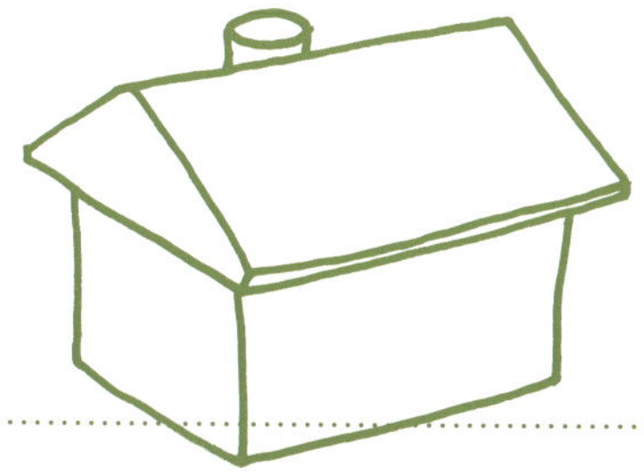

M 01

Klima*

Sonnenschein, Regen, Nebel, Sturm –

Wie beeinflusst das Wetter direkt oder indirekt die Handlung oder den Verlauf Ihrer Aufgabe?
Variieren Sie Hoch- und Tiefdruckgebiete!
Was hören Sie?
Was sehen Sie?
Wie fühlt es sich an?

K 02

Lupe*

Legen Sie Ihren Leitgedanken unter ein Vergrößerungsglas:

Was sehen Sie, wenn Sie genau hinsehen?
Was muss bleiben, wie es ist?
Welche Aspekte können Sie miteinander vertauschen?
Wie verändert die neue Perspektive Ihre Wahrnehmung?
Achten Sie auch auf Einzelheiten!

L 03

Knalleffekt*

Was wäre ein echter Clou für Ihr Motiv?

Mit welchem Knalleffekt rechnet niemand?
Wie würde Ihre Zielgruppe reagieren?
Und unbeteiligte Personen?
Überlegen Sie sich verschiedene Pointen!

K 03

Liliput*

Welche Aspekte Ihrer Aufgabe können Sie auf Miniaturgrösse verkleinern?

Welche Folgen hat das für Ihr Thema?
Was wird möglich, was vorher nicht möglich war?
Welche neuen Ideen weckt die bildliche Vorstellung in Ihnen?

L 02

Kombinieren*

Denken Sie an Produkte, Dienstleistungen, Anwendungen –

Womit können Sie Ihr Thema verknüpfen?
Welche Kombinationen mit bereits existierenden Lösungen oder Ideen machen Sinn?
Was verbessert sich?
Denken Sie über den Tellerrand!

K 04

Leiter*

Was sehen Sie, wenn Sie auf einer Leiter stehen und Ihr Thema von oben betrachten?

Was fällt Ihnen als erstes ins Auge?
Was wird so klein, dass Sie es nicht mehr erkennen können?
Was passiert, wenn Sie die großen und die kleinen Aspekte miteinander vertauschen?
Probieren Sie alle Möglichkeiten aus!

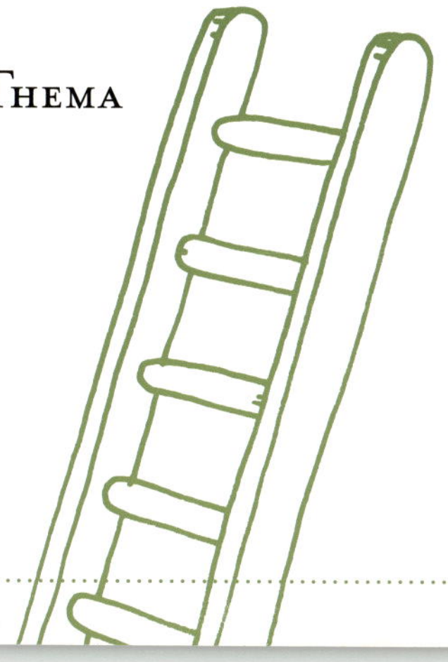

L 01

Kopfüber*

Was passiert, wenn Sie Ihren Leitgedanken auf den Kopf stellen,

die zentralen Aspekte ins Gegenteil verkehren, die Vorzeichen umdrehen?
Wie wirkt sich die neue Perspektive auf die Handlung oder den Verlauf Ihrer Aufgabe aus?
Wer oder was übernimmt eine neue Rolle?
Korrigieren Sie falsche Annahmen!

K 05

Welche Einzelheiten
sehen Sie, wenn Sie genau
hinschauen?

Küchenzuruf*

Worum geht es genau?

Was sind die wesentlichen Punkte Ihrer Thematik?
Welche Stichworte würden Sie einer unbeteiligten Person zurufen, von der Sie sich Hilfe erhoffen?
Wie verändert die Kurzfassung Ihren Fokus?
Schreiben Sie alle Gedanken auf!

K 06

Für L–Z bitte wenden…

Ob Sie ein neues Produkt oder eine Werbekampagne entwickeln – eine Headline, einen Slogan oder Namen suchen – einen Event oder Messeauftritt planen – ein ausgefallenes Geschenk für Ihre Geschäftspartner suchen – setzen Sie den IDEENRAUSCH überall da ein, wo neue Ideen gebraucht werden.

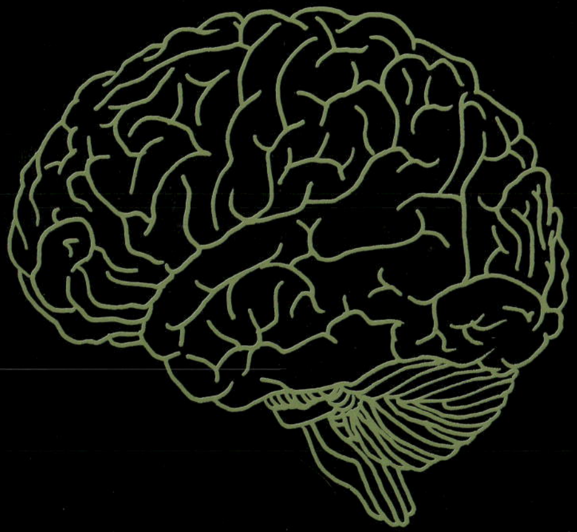

LAR

9 783897 690738 >
ISBN 978-3-89769-073-8